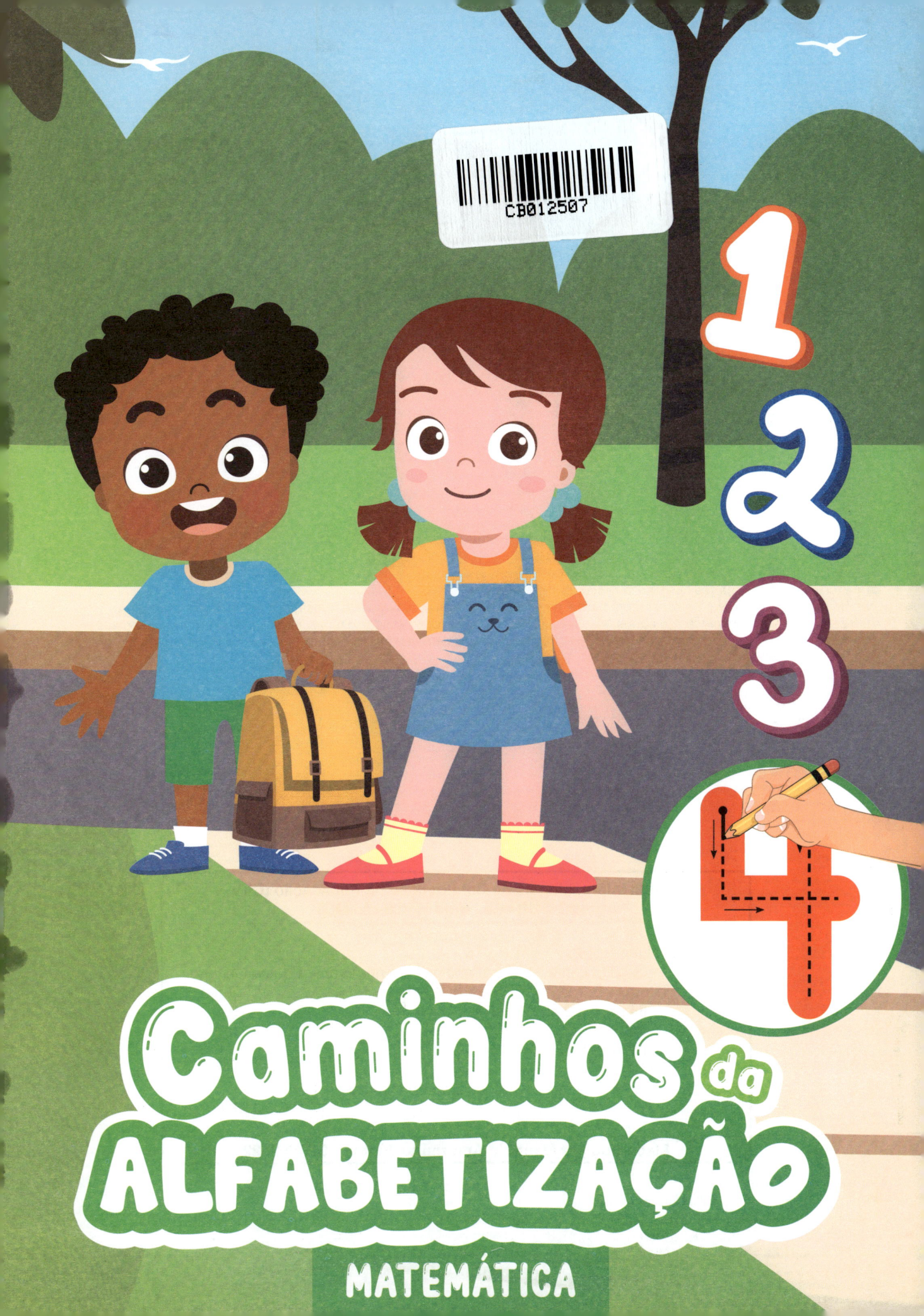

Caminhos da ALFABETIZAÇÃO

MATEMÁTICA

1ª Edição 2020

Presidente: Paulo Roberto Houch
MTB 0083982/SP
Edição: Priscilla Sipans
Programadora visual: Evelin Cristine Ribeiro
Coordenação pedagógica: Izildinha H. Micheski
Imagens: Shutterstock
Impresso no Brasil.
Foi feito o depósito legal.

2ª Impressão

Dados Internacionais de Catalogação na Publicação (CIP)
(eDOC BRASIL, Belo Horizonte/MG)

O58c   On Line Editora.
       Cartilha caminhos da alfabetização: numerais / Equipe On Line Editora. – Barueri, SP: On Line, 2020.
       64 p. : il. ; 20,5 x 27,5 cm

       ISBN 978-65-5547-164-9

       1. Alfabetização. 2. Educação de crianças. I. Título.
                                       CDD 370

Elaborado por Maurício Amormino Júnior – CRB6/2422

Direitos reservados à
IBC – Instituto Brasileiro de Cultura LTDA
CNPJ 04.207.648/0001-94 Avenida Juruá, 762 – Alphaville Industrial
CEP. 06455-907 – Barueri/SP Vendas: Tel.: (11) 3393-7723 (vendas@editoraonline.com.br)
Visite nossa loja www.revistaonline.com.br

A CONSTRUÇÃO DO CONHECIMENTO LÓGICO-MATEMÁTICO

POR IZILDINHA H. MICHESKI

CONSIDERANDO QUE A APRENDIZAGEM PASSA PELO CORPO, A CONSTRUÇÃO DO NÚMERO PELA CRIANÇA NÃO É DIFERENTE. DESDE OS PRIMEIROS ANOS DE VIDA, OS PEQUENINOS SÃO ENSINADOS A REPRESENTAR A IDADE USANDO OS DEDINHOS DAS MÃOS, COMEÇAM A DAR OS PRIMEIROS PASSOS AO SOM DO "UM, DOIS, UM, DOIS", E ASSIM POR DIANTE.

COM RELAÇÃO AO CONHECIMENTO LÓGICO-MATEMÁTICO, O APRENDIZADO DA SEQUÊNCIA NUMÉRICA SE DÁ NA RELAÇÃO "MAIS UM". É A PARTIR DA COMPREENSÃO DESSE CONCEITO QUE SE CONSTRÓI CADA NOVO NUMERAL, POR EXEMPLO, NA SOMA "0 + 1 = 1", ONDE ACRESCENTANDO-SE "MAIS UM" O RESULTADO É 2, MAIS UM É IGUAL A 3 E ASSIM SUCESSIVAMENTE.

PORÉM, ANTES QUE A RELAÇÃO "MAIS UM" SEJA DESENVOLVIDA, FAZ-SE NECESSÁRIA A ESTRUTURAÇÃO DESSE CONHECIMENTO, TRABALHANDO, ANTES, COM OBJETOS ATRAVÉS DO BRINCAR. EXEMPLOS DISSO SÃO ATIVIDADES COM MANIPULAÇÃO DE OBJETOS. O ADULTO PODE ESTIMULAR O RACIOCÍNIO DA CRIANÇA PEDINDO A ELA, POR EXEMPLO, QUE PEGUE UMA TAMPINHA EM UM POTE CHEIO DELAS. DEPOIS, PERGUNTA-SE: "QUANTAS TAMPINHAS VOCÊ TEM?". APÓS A RESPOSTA DA CRIANÇA (UMA TAMPINHA), PEDE-SE QUE ELA PEGUE OUTRA TAMPINHA, FAZENDO A MESMA PERGUNTA, AO QUE A CRIANÇA RESPONDE NOVAMENTE: DUAS TAMPINHAS. É DESSA FORMA QUE A CRIANÇA APRENDE A CONSERVAR QUANTIDADE, NÚMERO, NUMERAL E SEQUÊNCIA NUMÉRICA.

2

DOIS

3

TRÊS

6

SEIS

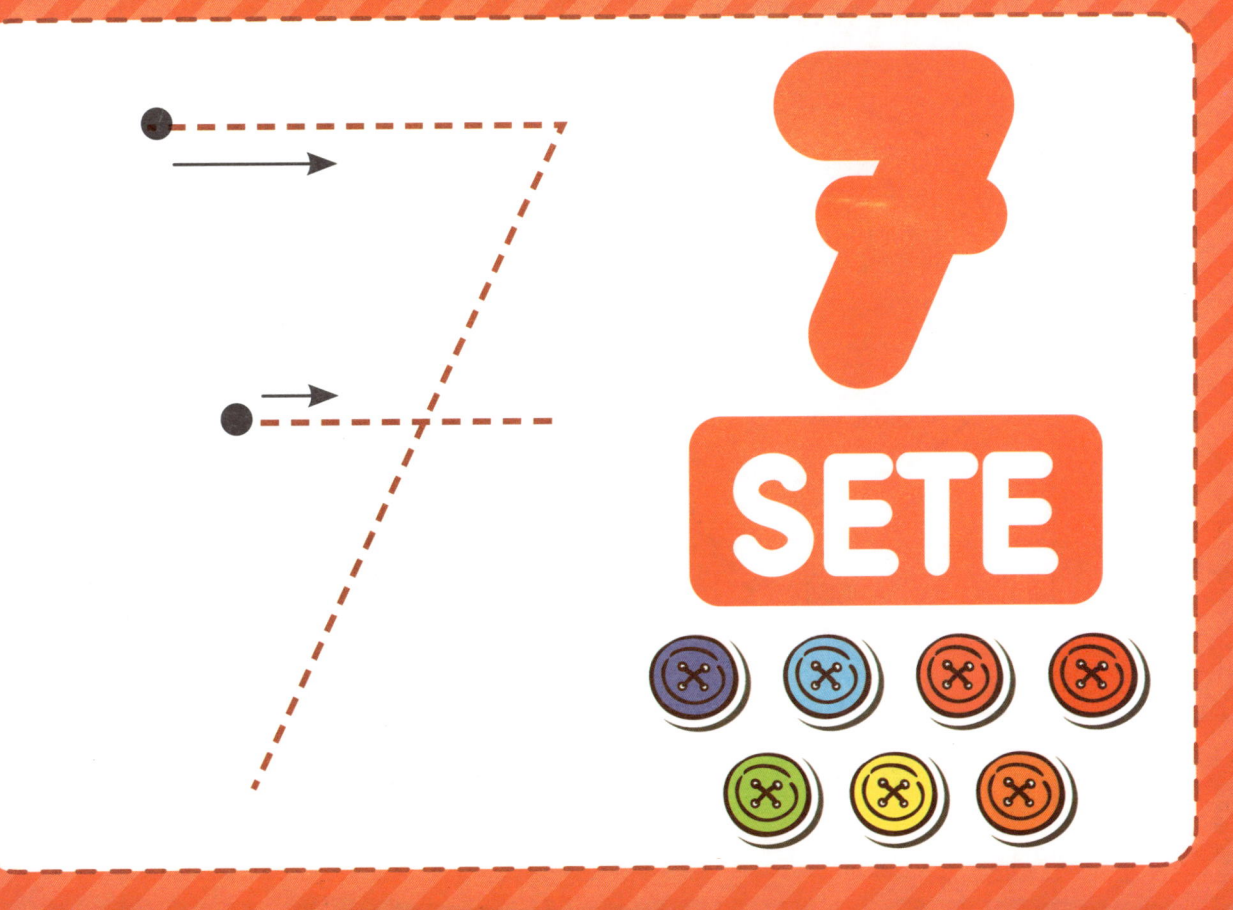

7

SETE

10
DEZ

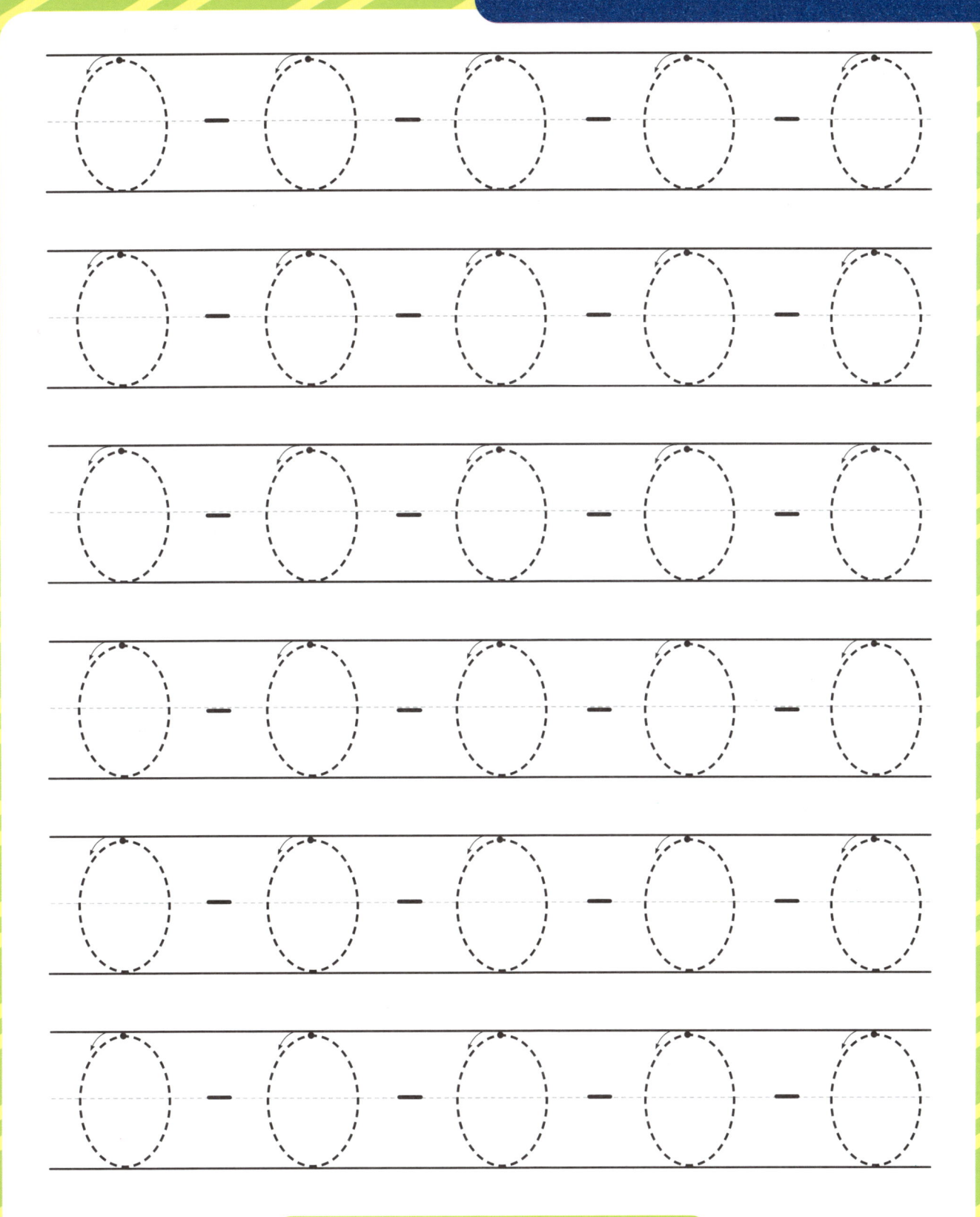

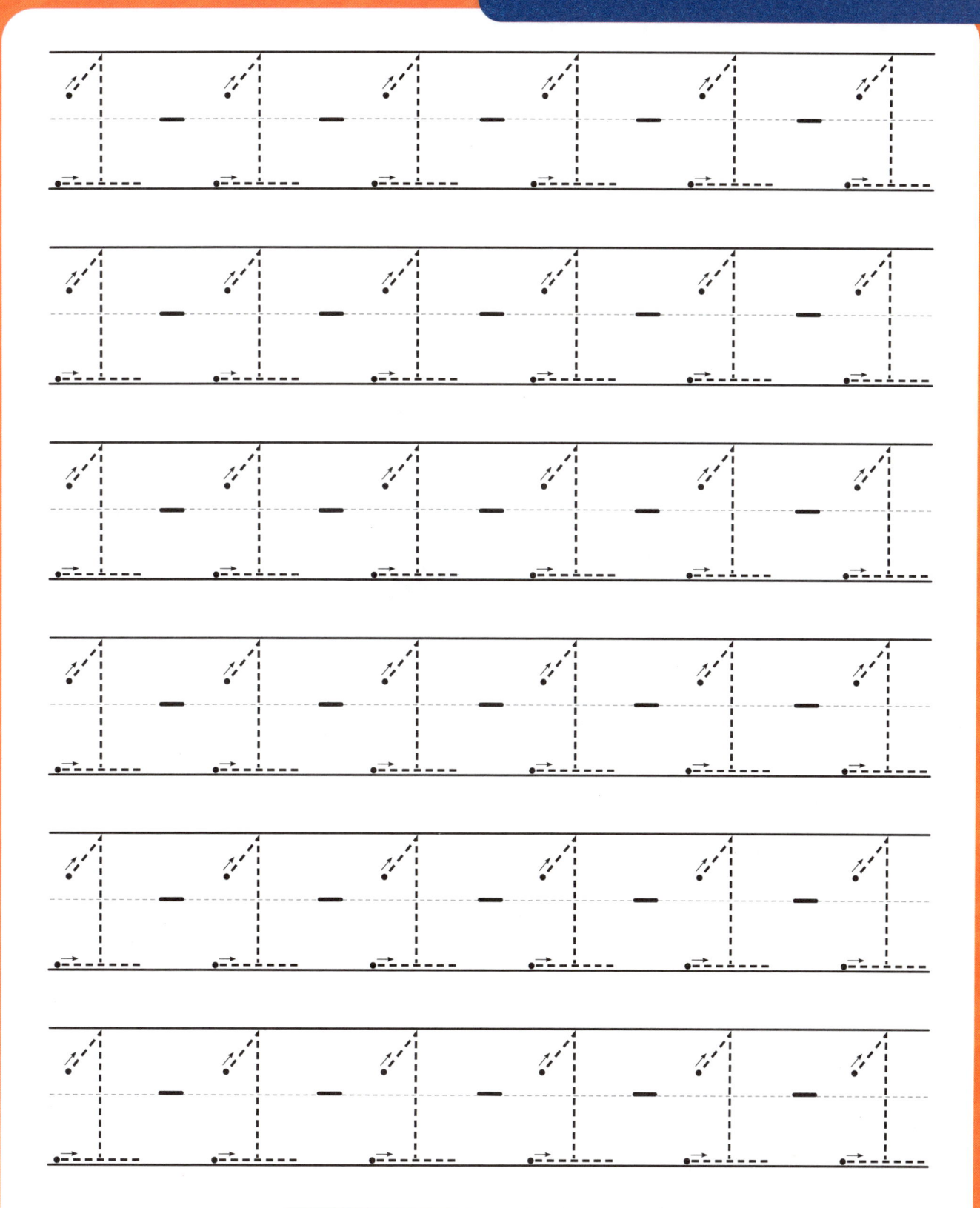

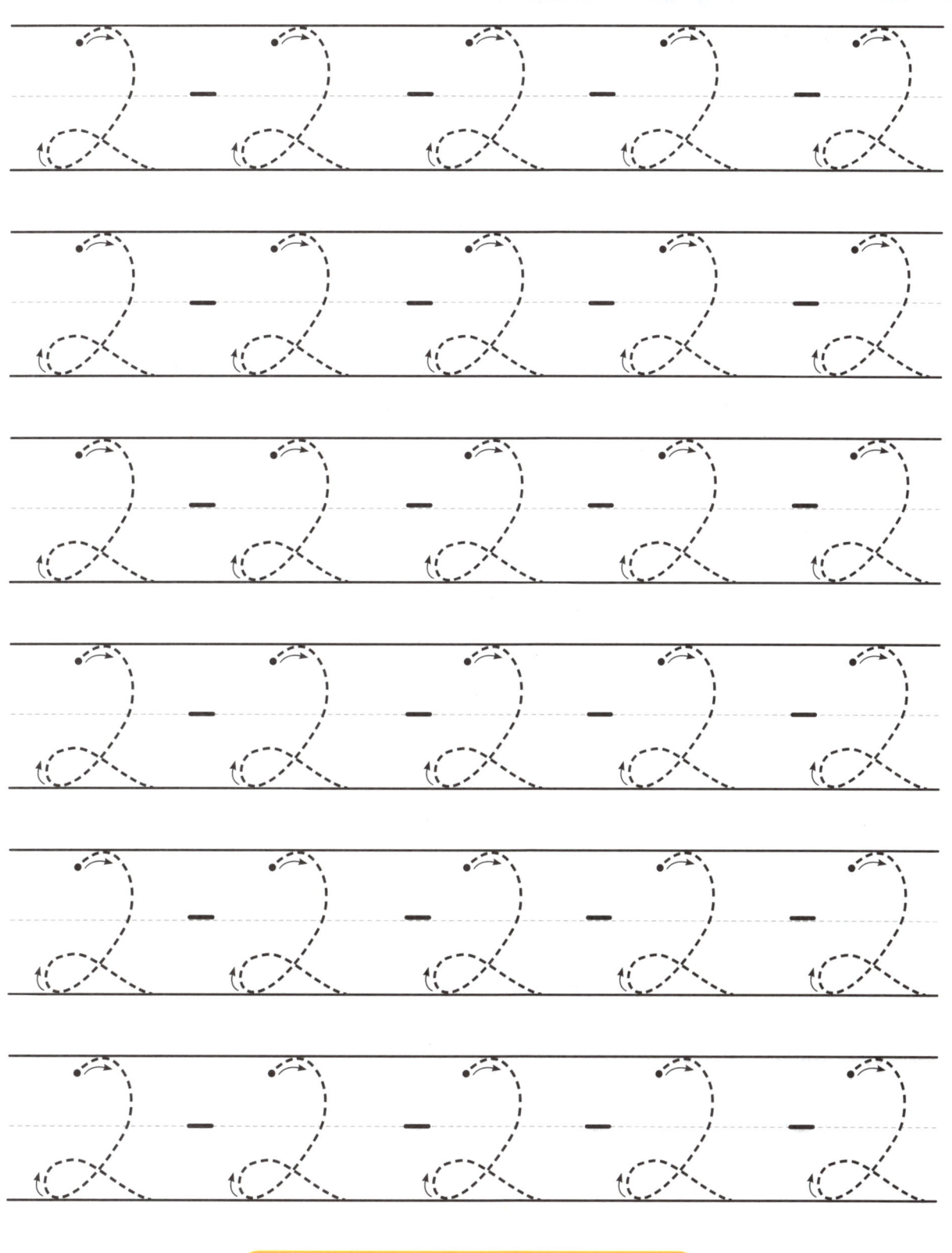

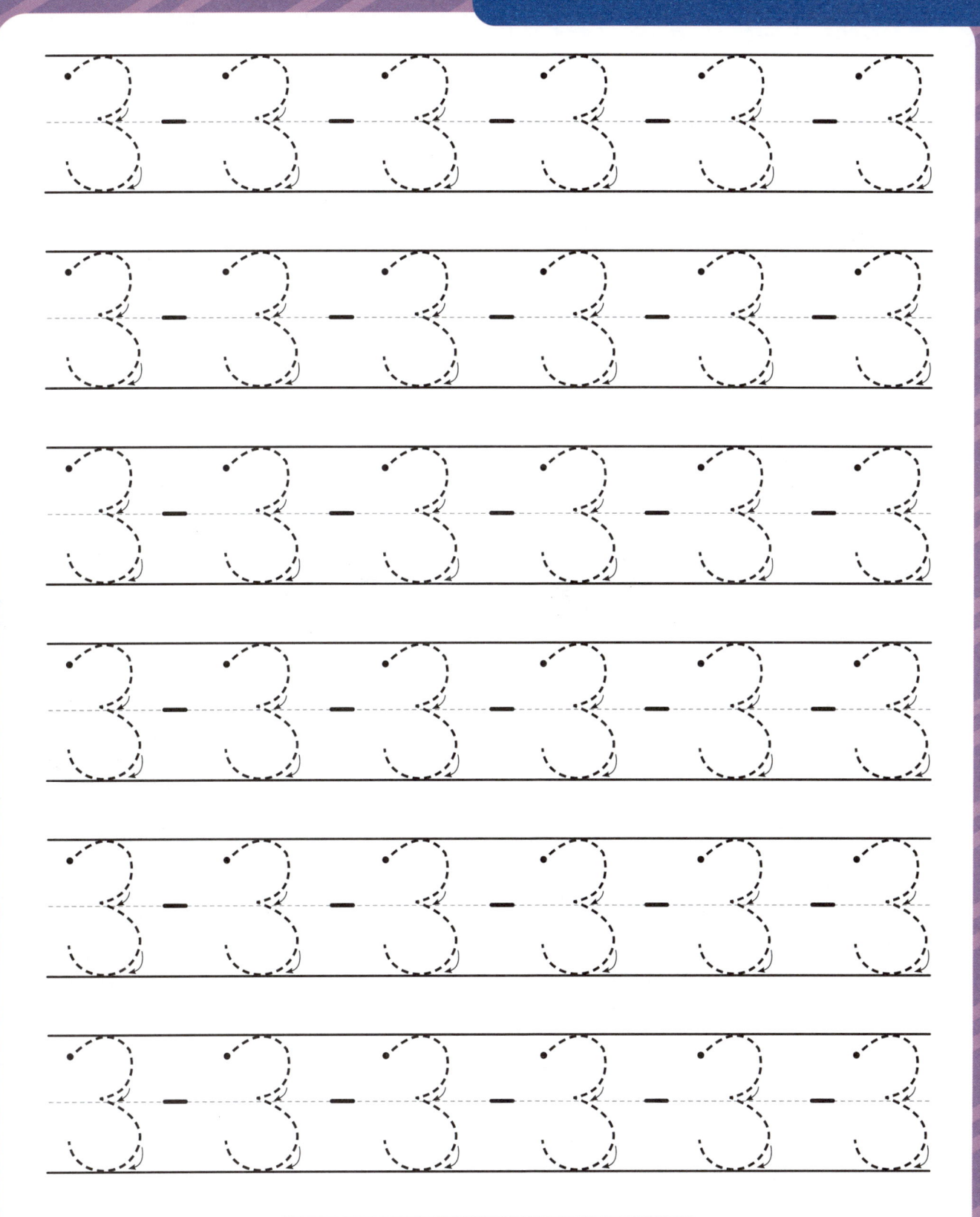

QUATRO

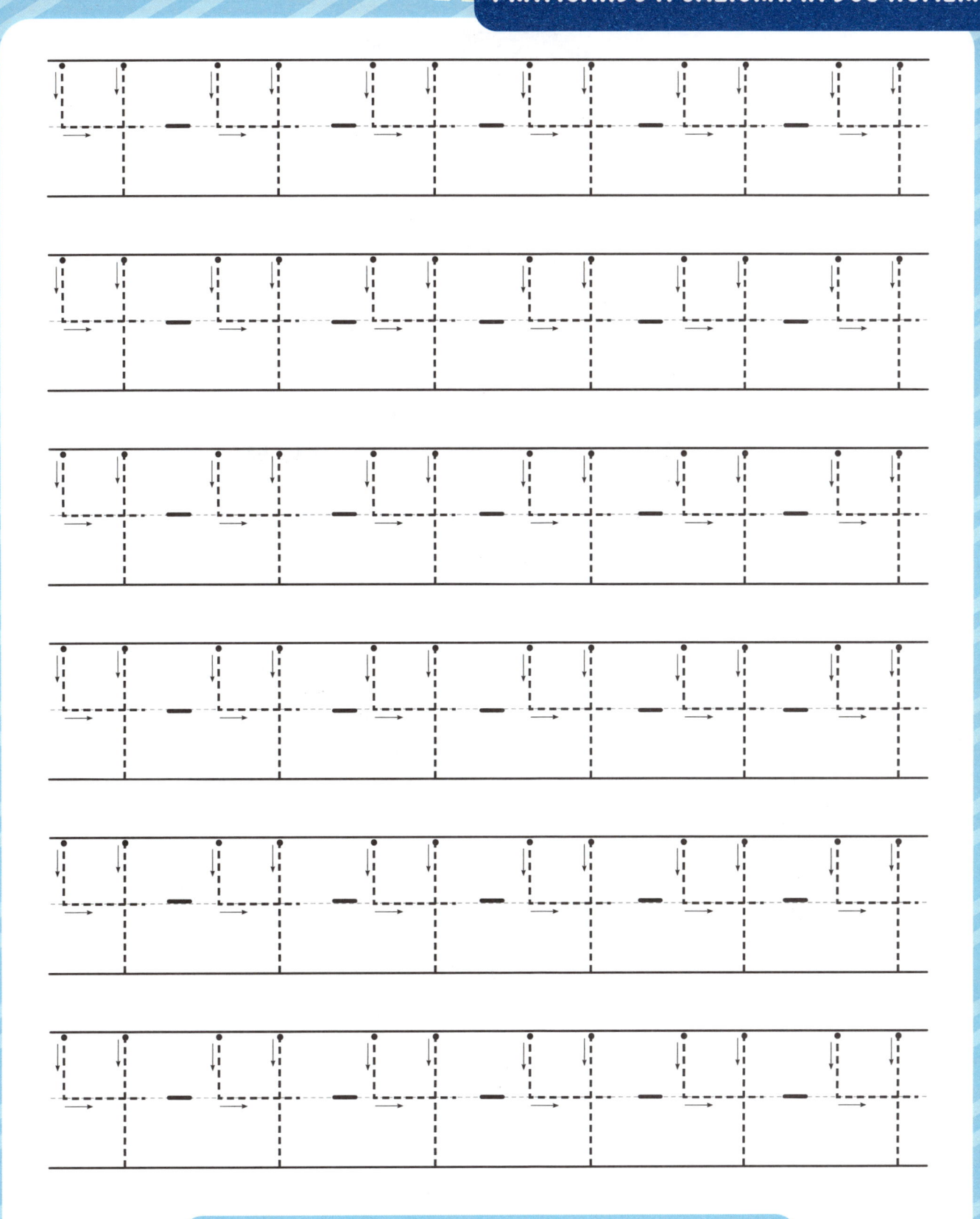

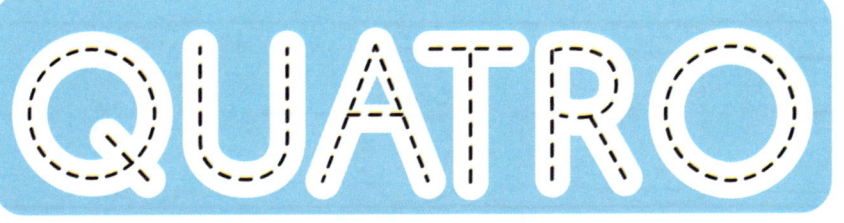

CINCO

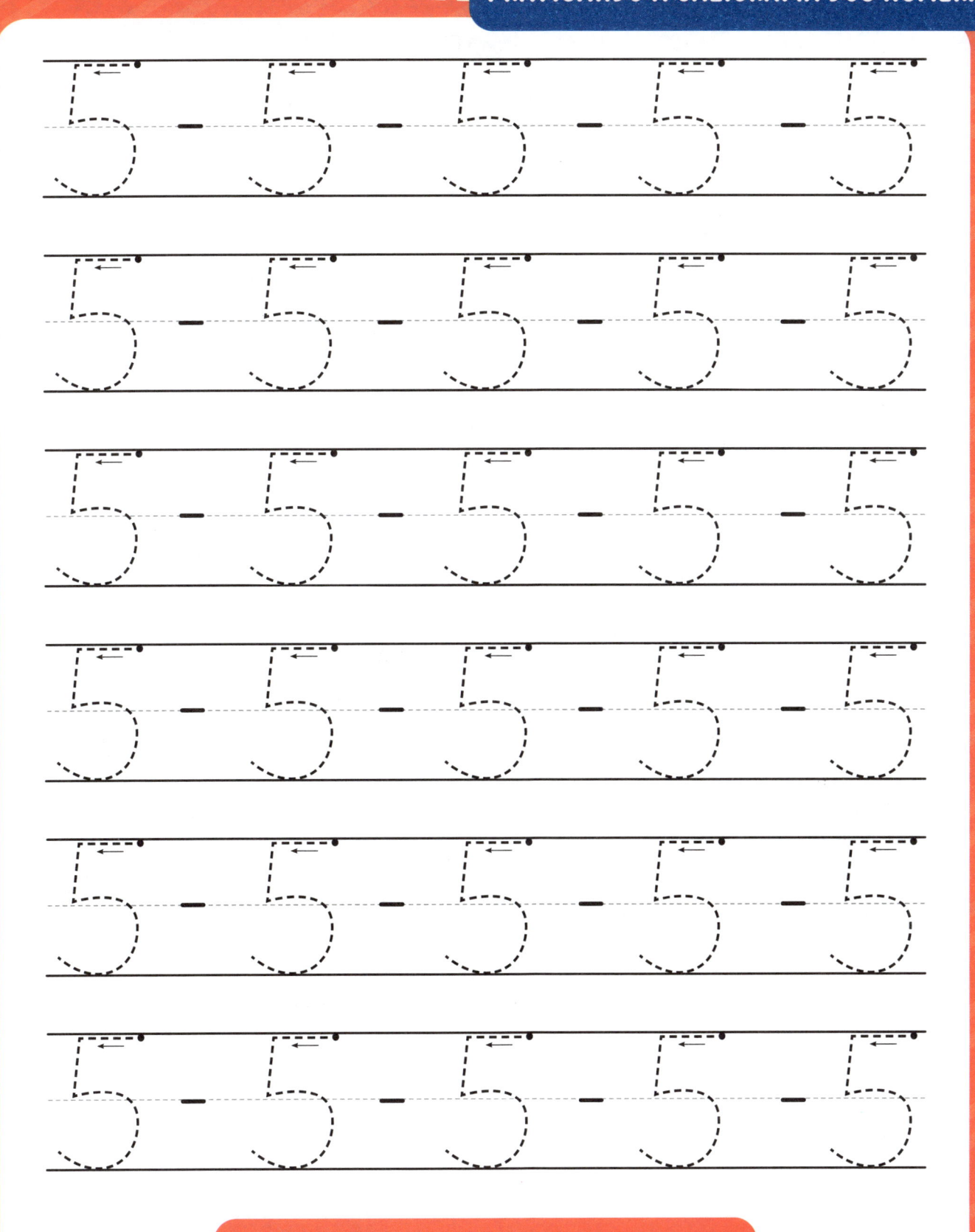

CINCO

SEIS

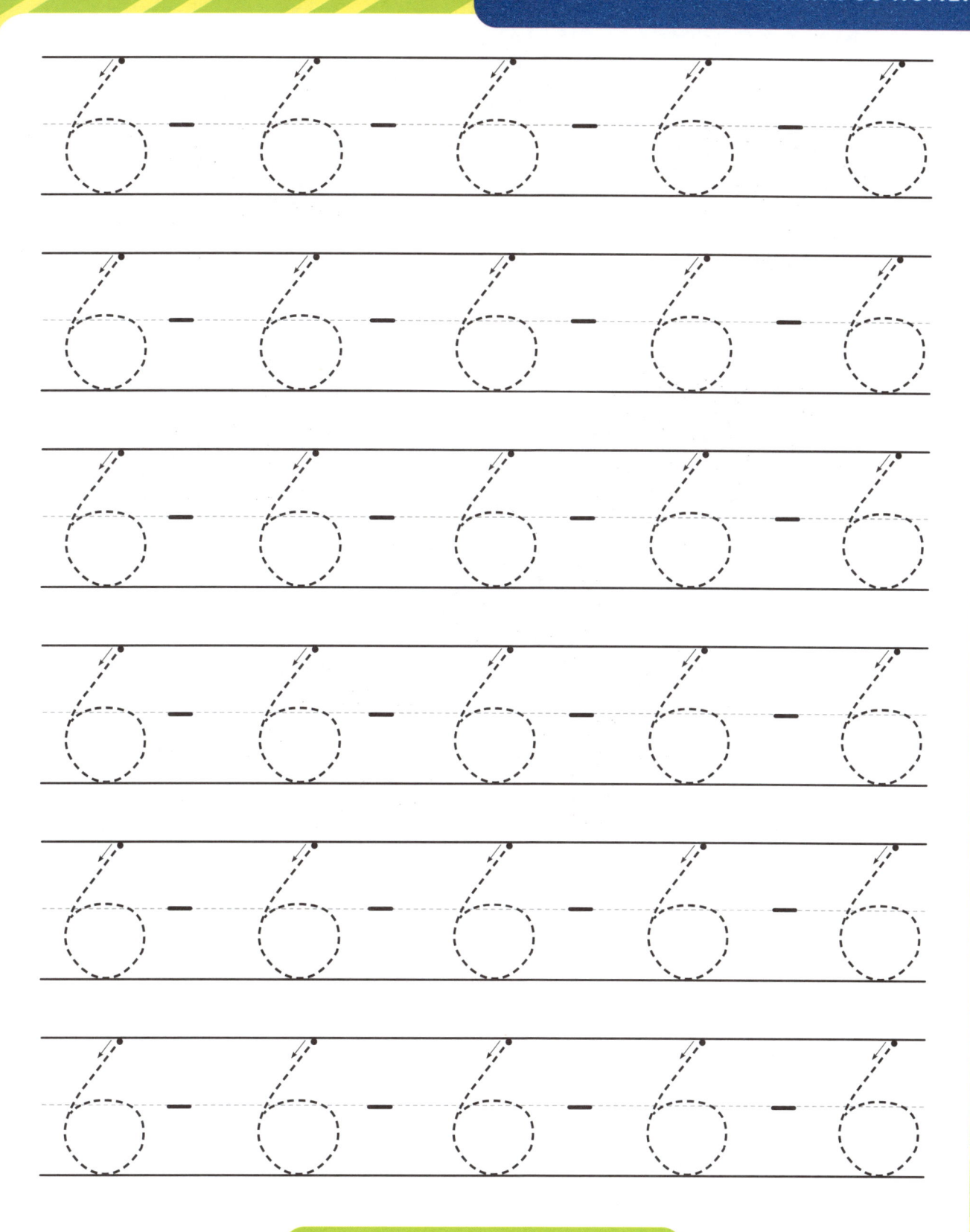

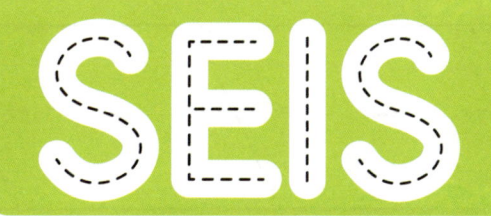

SEIS

SETE

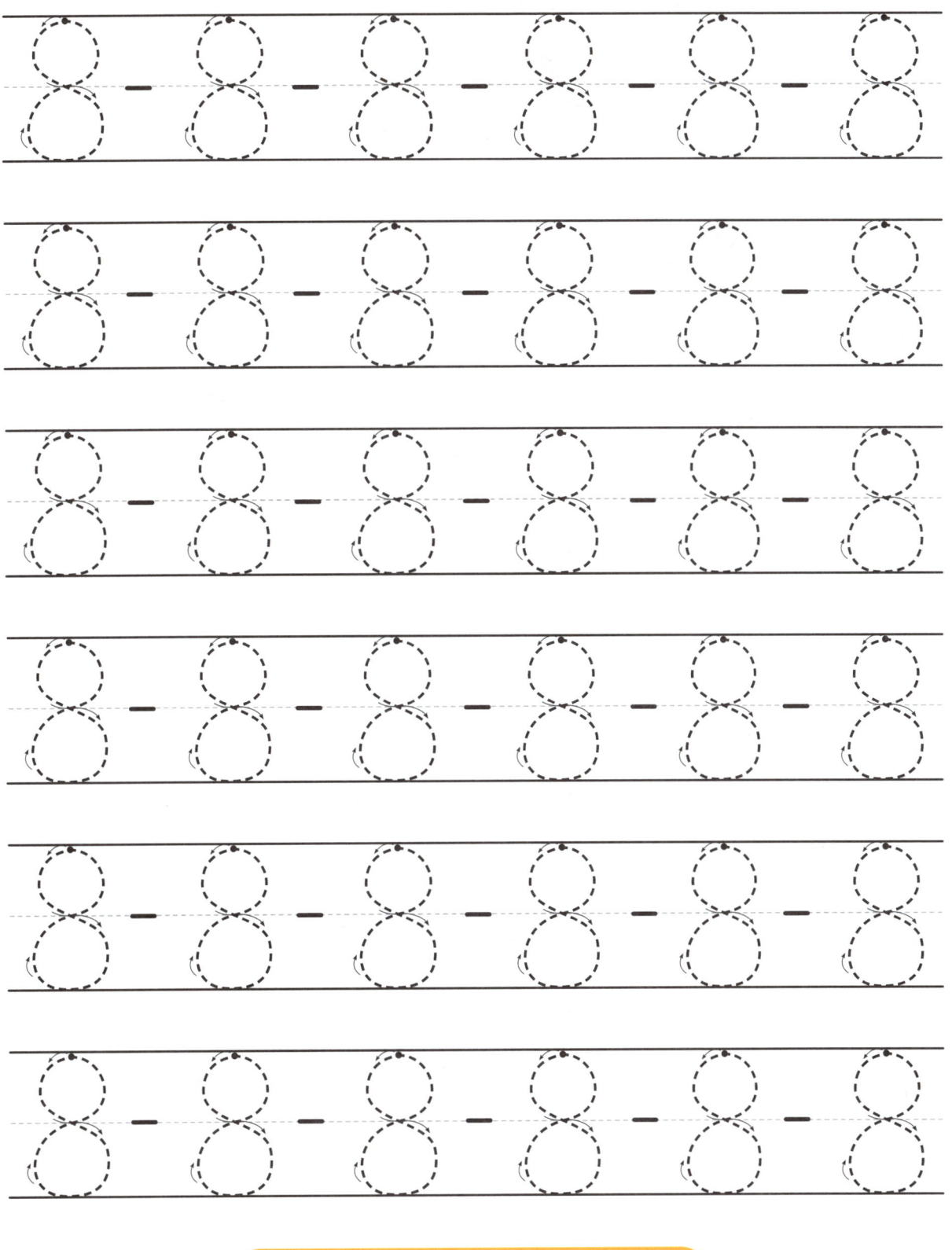

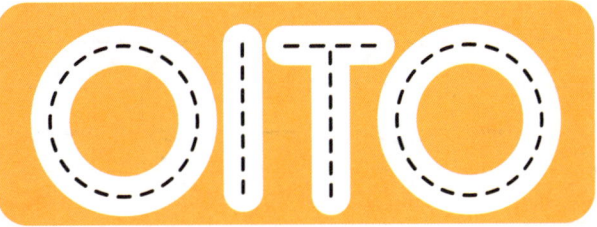

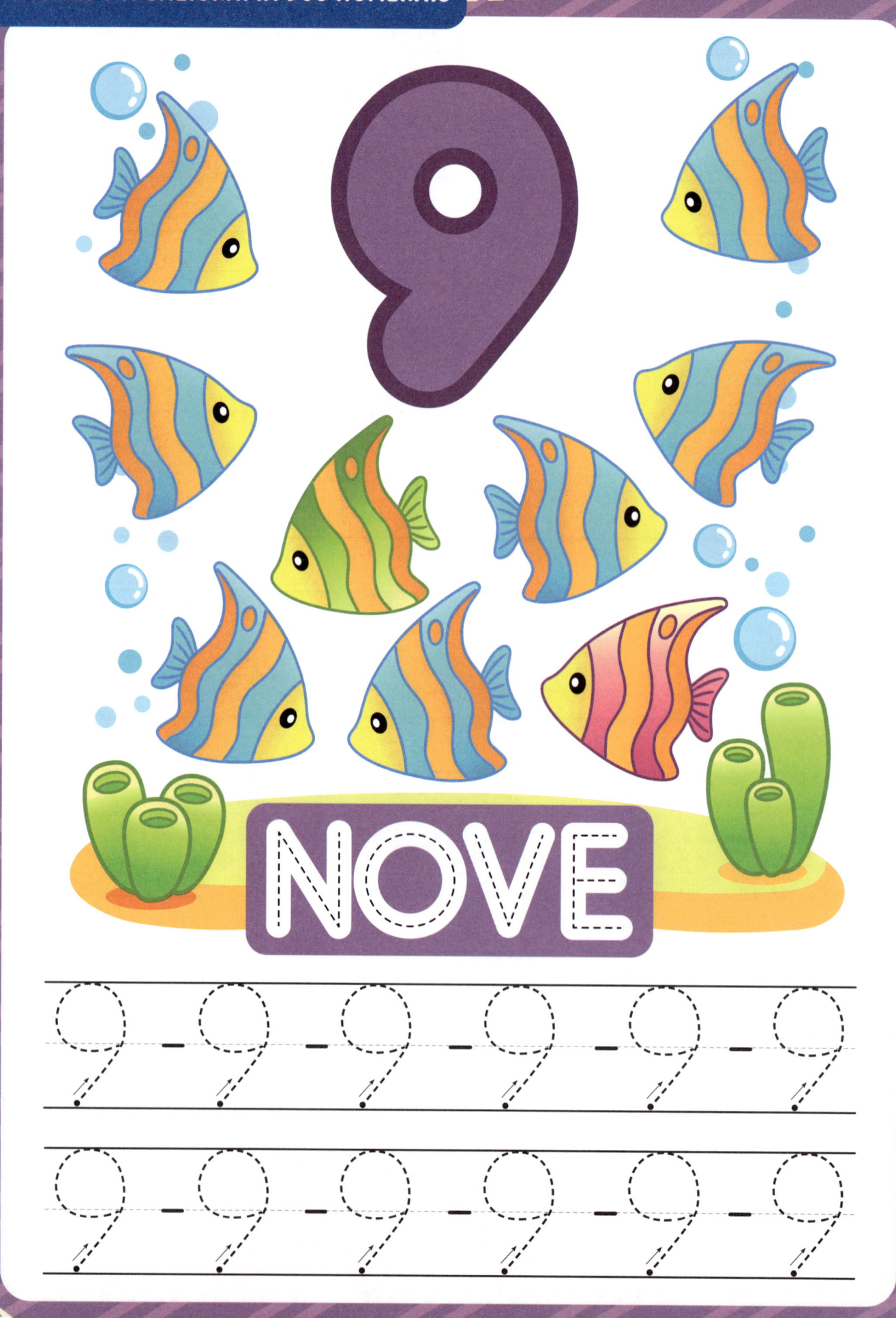

NOVE

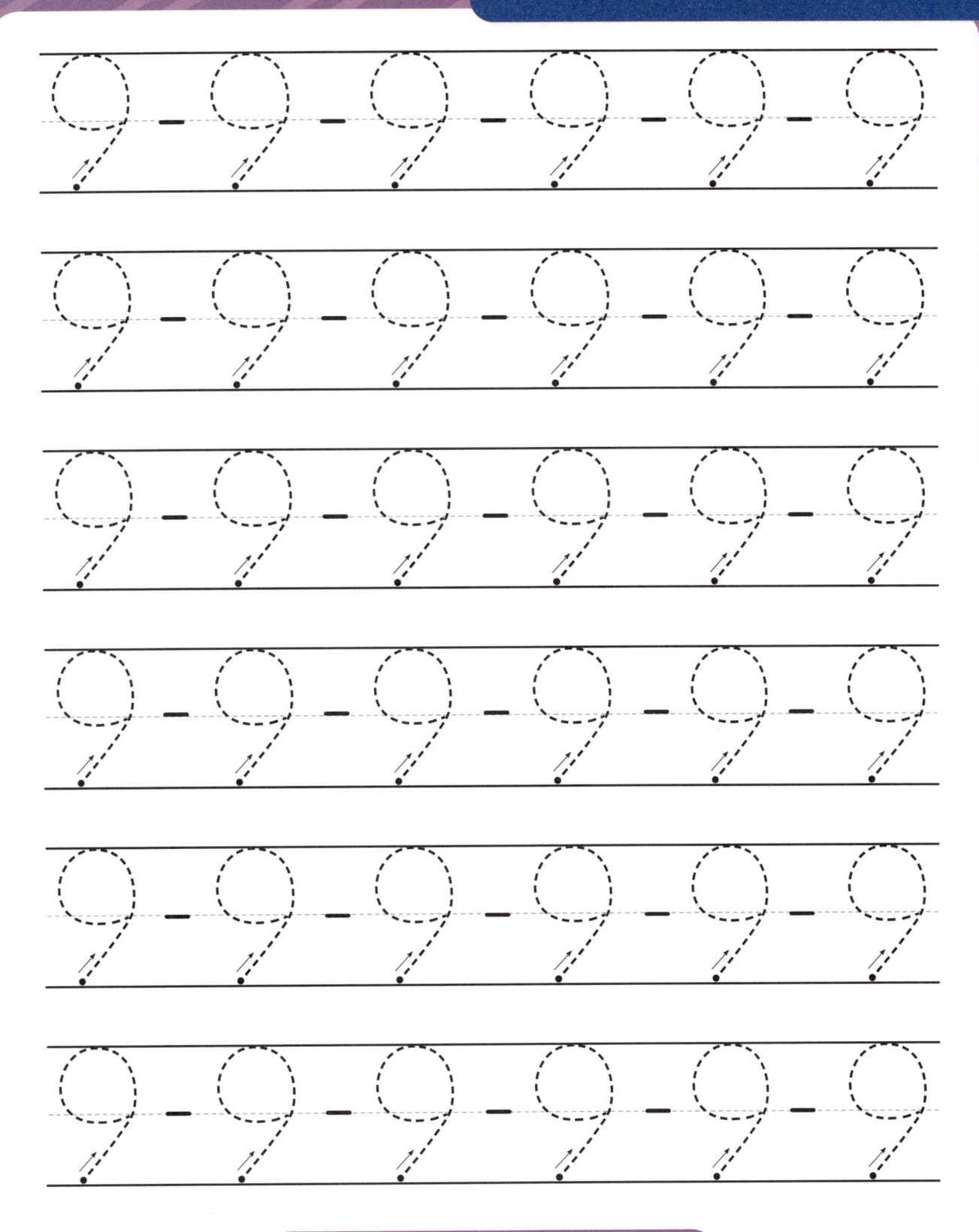

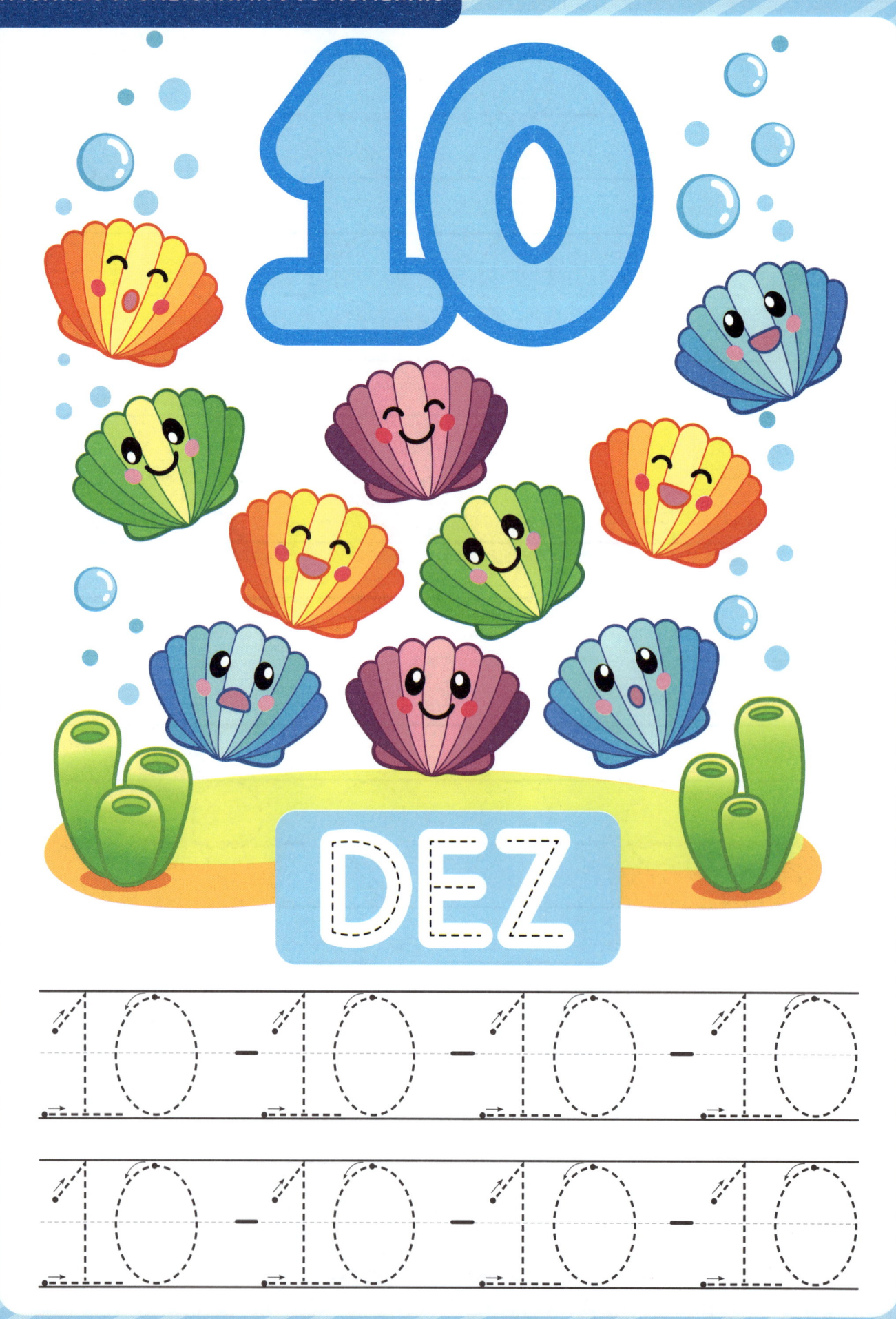

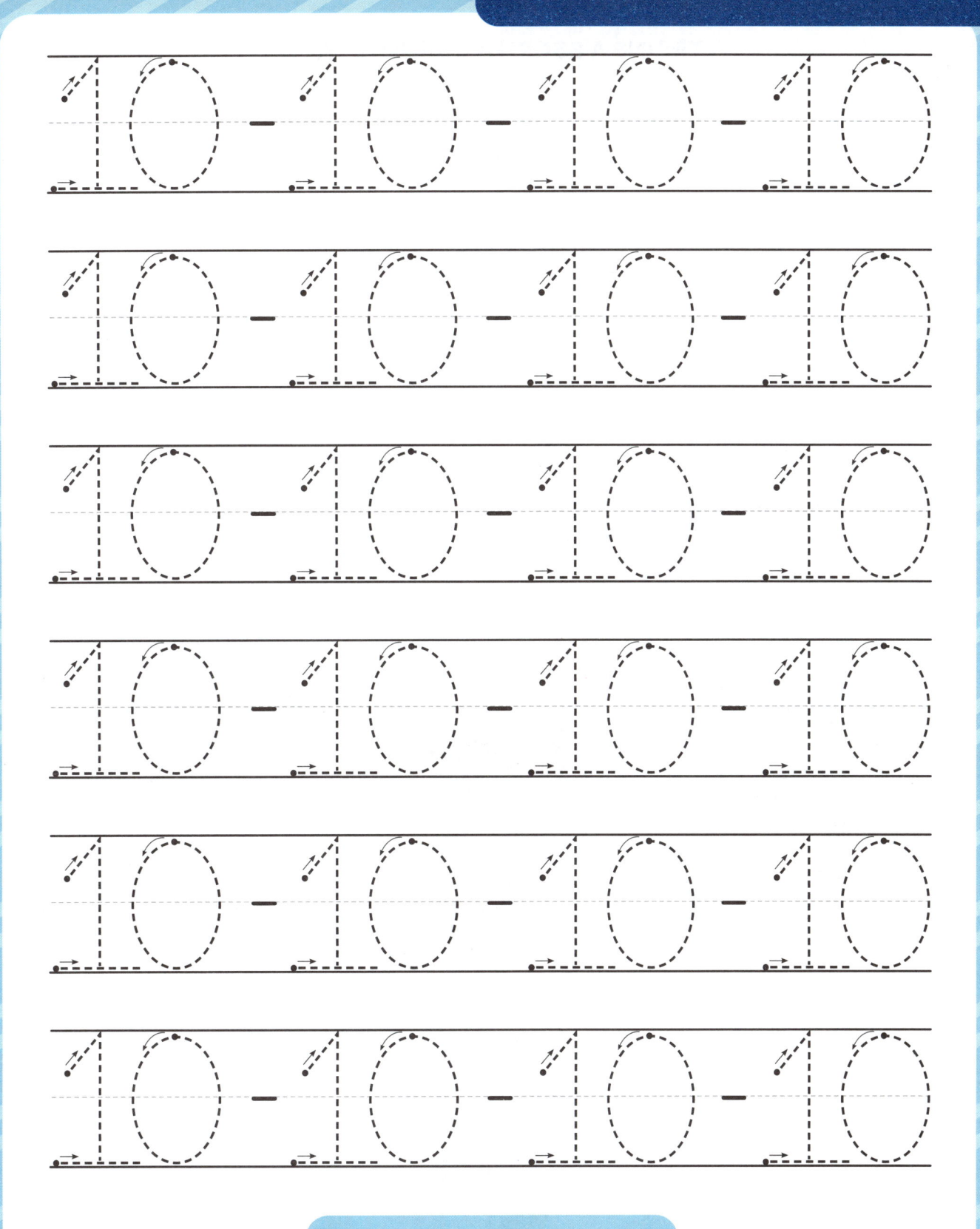

TREINE A ESCRITA DO NUMERAL 0.

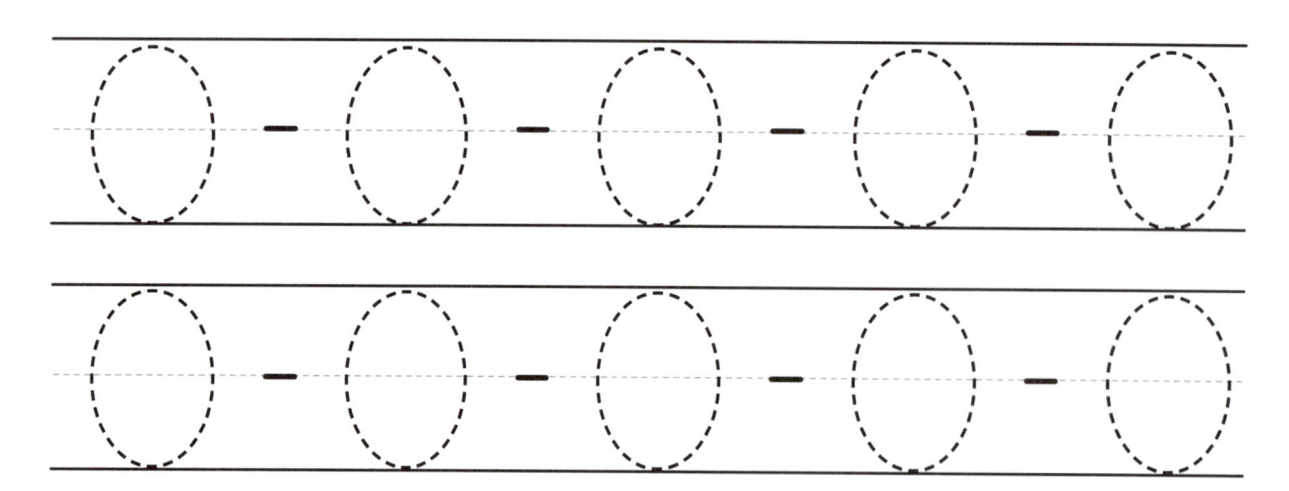

QUAL DOS VASOS ABAIXO PODE SER REPRESENTADO PELO NÚMERO ZERO?

VAMOS PRATICAR O NUMERAL 1.

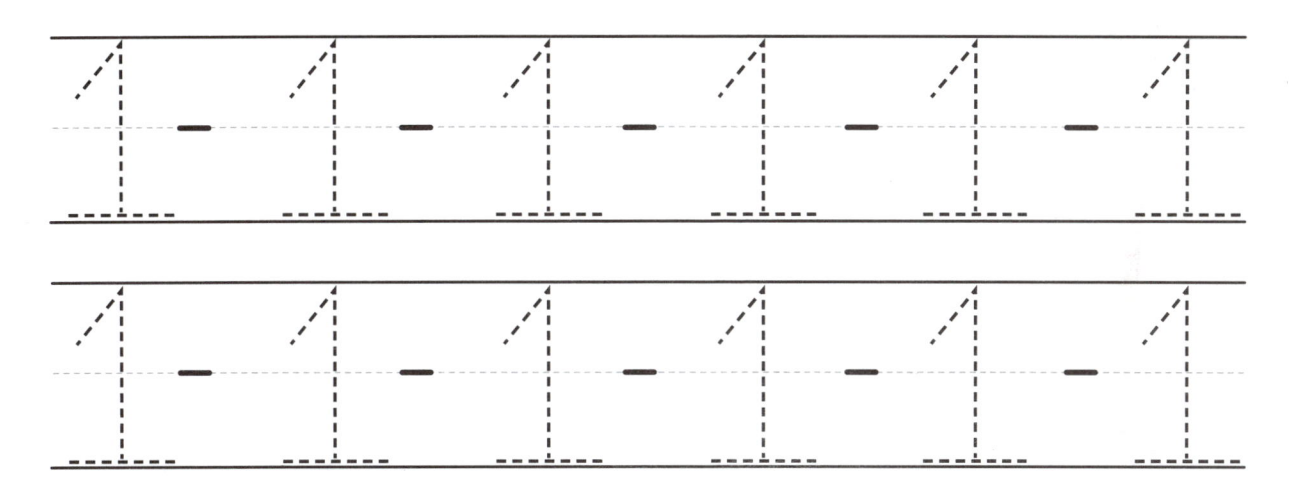

ESTA GALINHA CHOCOU MUITOS PINTINHOS, MAS SOMENTE **UM** ESTÁ SOZINHO! CIRCULE-O QUANDO ENCONTRÁ-LO.

QUE TAL TREINAR OS TRACEJADOS DO NUMERAL 2?

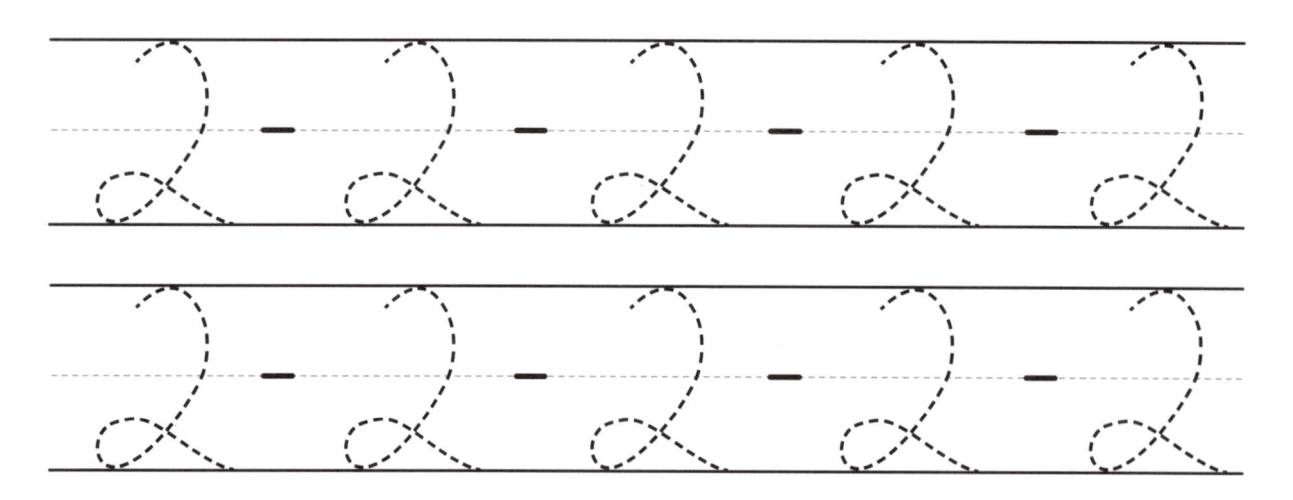

DESENHE UMA PIPA A MAIS NA MÃO DO MENINO E ESCREVA O NÚMERO TOTAL NO ESPAÇO INDICADO.

AGORA É HORA DE PRATICAR O NUMERAL 3

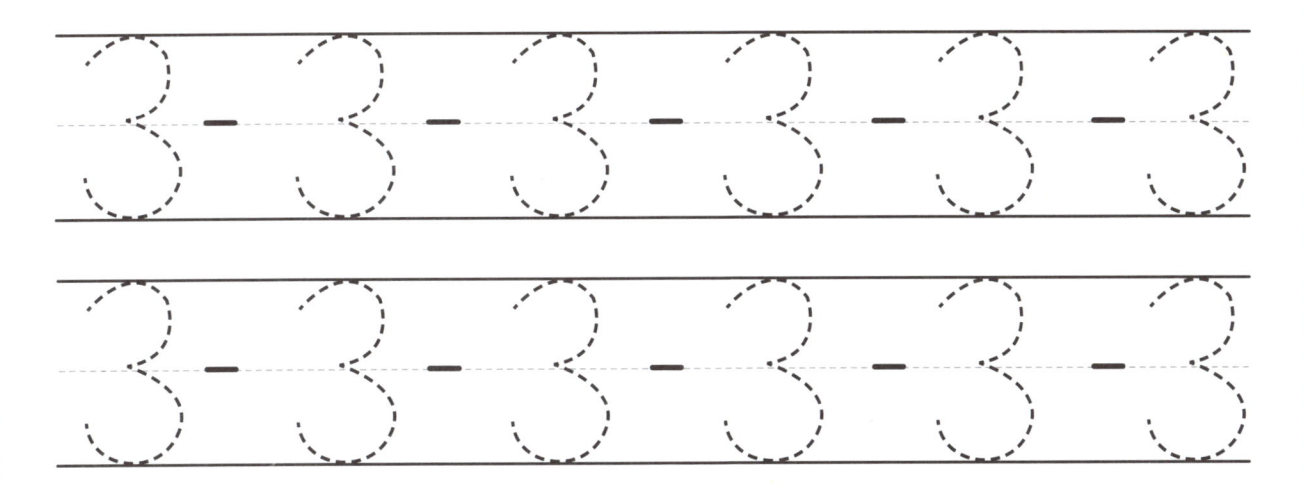

DESENHE 3 PEIXINHOS NESTE AQUÁRIO.

LIGUE OS TRACEJADOS PARA FORMAR O NUMERAL 4

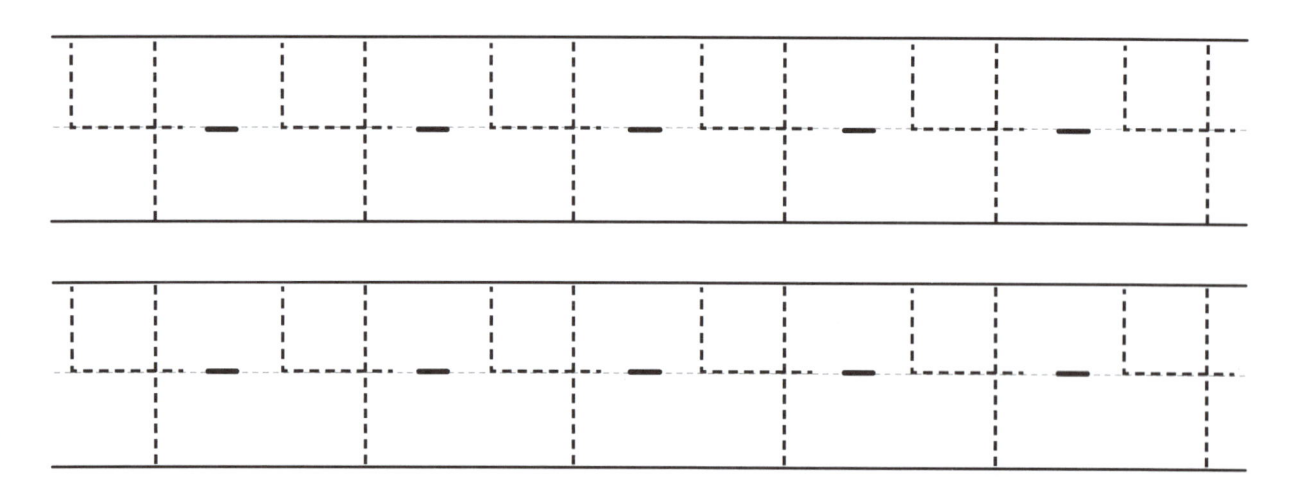

PINTE A ÚNICA CORUJINHA QUE FALTA NO GALHO PARA COMPLETAR A QUANTIDADE DE 4.

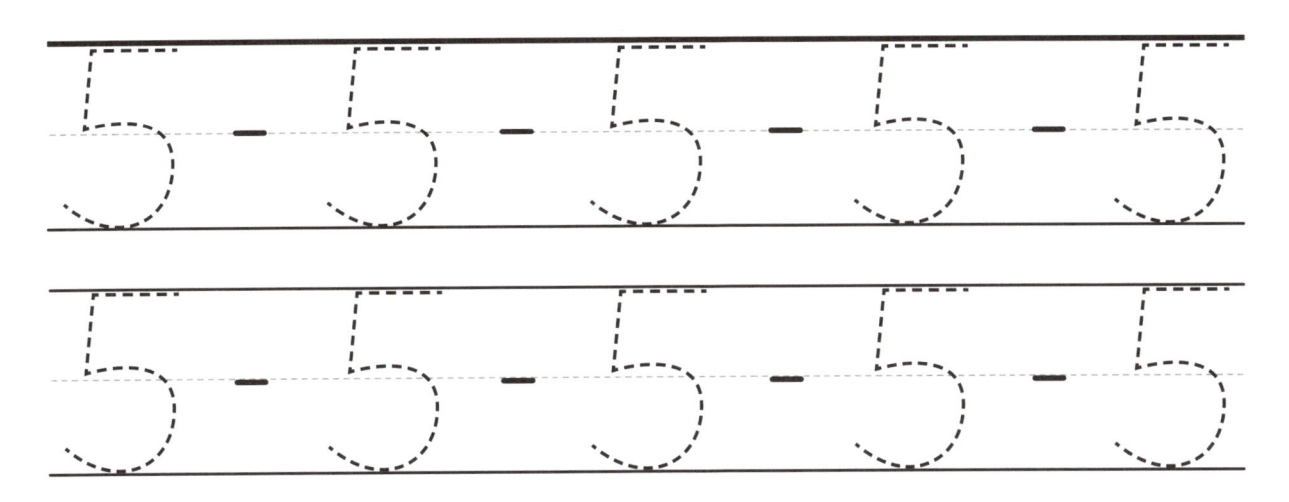

VOCÊ ESTÁ INDO MUITO BEM! AGORA, TREINE O NUMERAL 5.

PINTE SOMENTE O BOLO QUE CONTÉM CINCO VELAS.

PARA FORMAR O NUMERAL 6, BASTA LIGAR OS TRACEJADOS DIREITINHO.

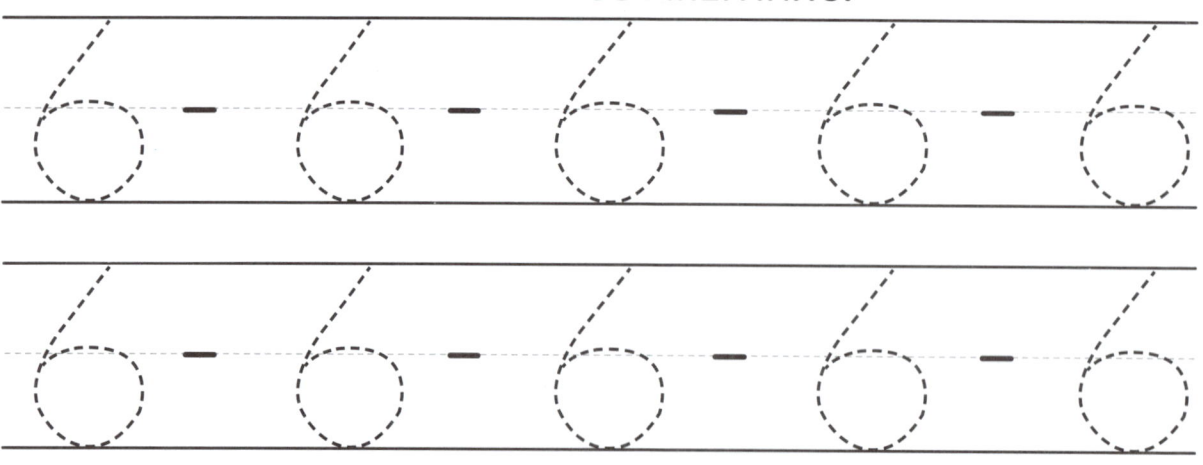

PINTE 6 SORVETES DE CADA GRUPO.

VAMOS PRATICAR O NUMERAL 7.

CONTE QUANTOS BALÕES O PALHAÇO ESTÁ SEGURANDO E PINTE CADA UM COM UMA COR DIFERENTE.

QUE TAL TREINAR O NUMERAL 8?

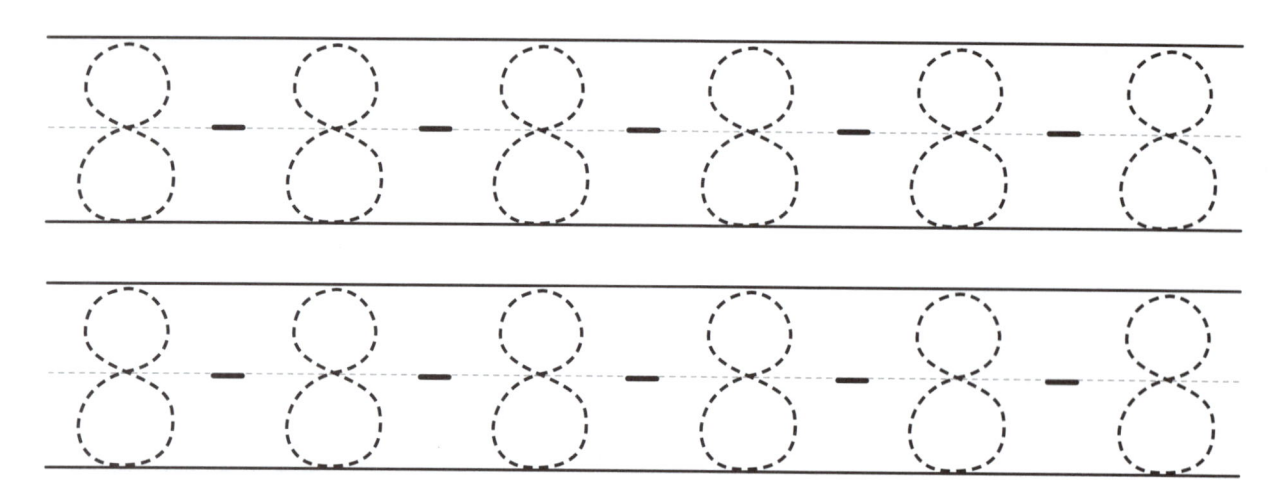

TEMOS AQUI UMA BELA ÁRVORE. VAMOS DESENHAR 8 FRUTAS DELICIOSAS DENTRO DELA?

VAMOS LIGAR OS TRACEJADOS PARA FAZER O NUMERAL 9.

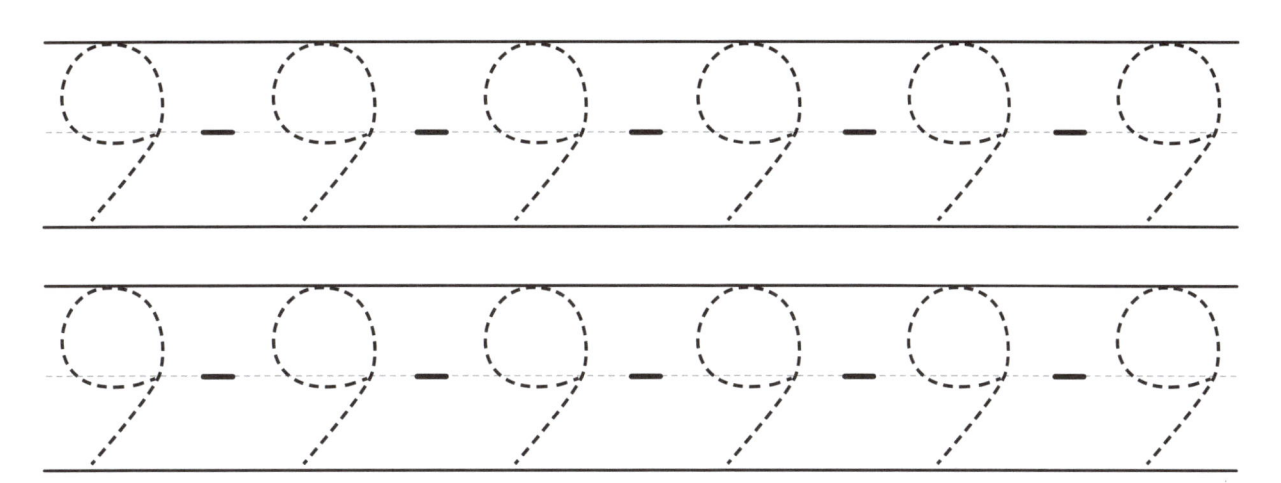

CONTE QUANTAS NUVENS EXISTEM NO CÉU E
DESENHE OUTRAS ATÉ COMPLETAR A QUANTIDADE DE 9.

CAPRICHE NO TREINO DO NUMERAL 10, COMPLETANDO TODA A LINHA.

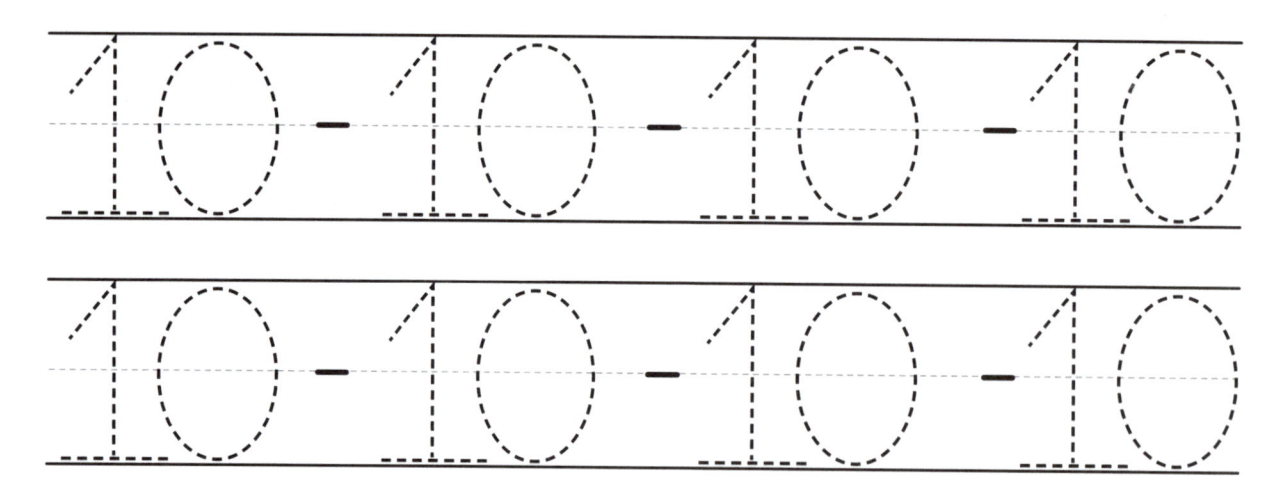

A NOITE ESTÁ ESTRELADA! CONTE A QUANTIDADE DE ESTRELAS NO CÉU E PINTE TODAS ELAS.

CONTE QUANTOS DEDINHOS EXISTEM EM CADA MÃO
E LIGUE AS FIGURAS AO NUMERAL CORRESPONDENTE.

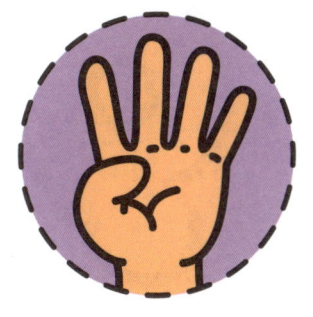

5

3

2

1

4

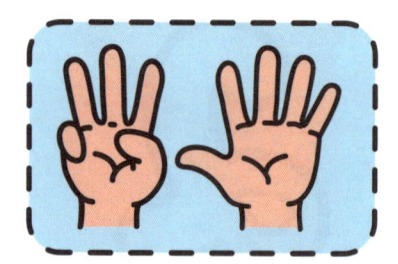

NUMERE AS JOANINHAS DE 1 A 10.

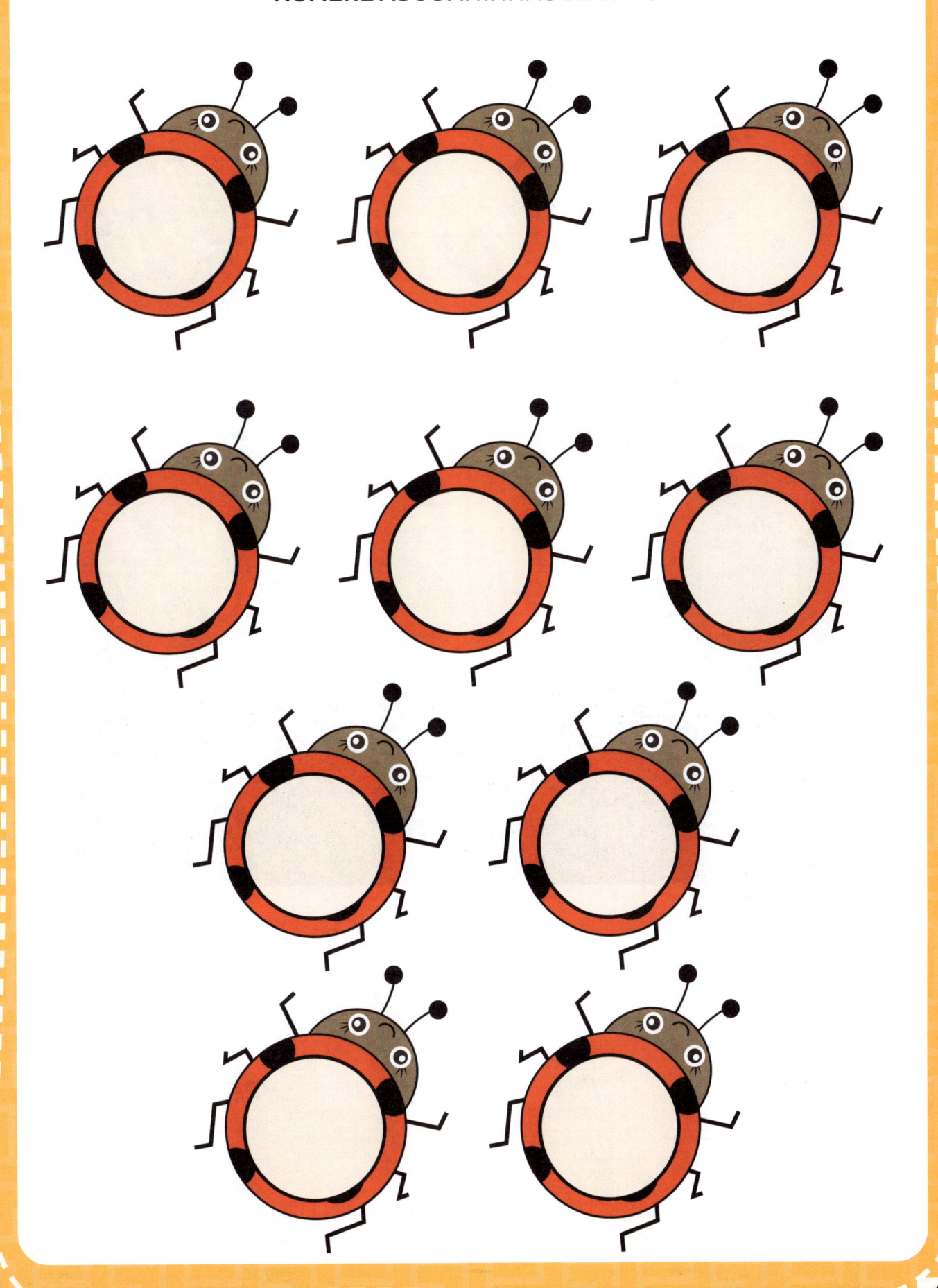

QUANTOS DE CADA INSETO EXISTEM ABAIXO? CONTE-OS E REGISTRE OS RESULTADOS NOS ESPAÇOS INDICADOS.

QUANTAS SEMENTES POSSUI CADA MORANGUINHO? RELACIONE A QUANTIDADE AO NUMERAL CORRESPONDENTE.

PINTE OS BRINQUEDOS QUE FALTAM PARA COMPLETAR AS QUANTIDADES APONTADAS EM CADA COLUNA.

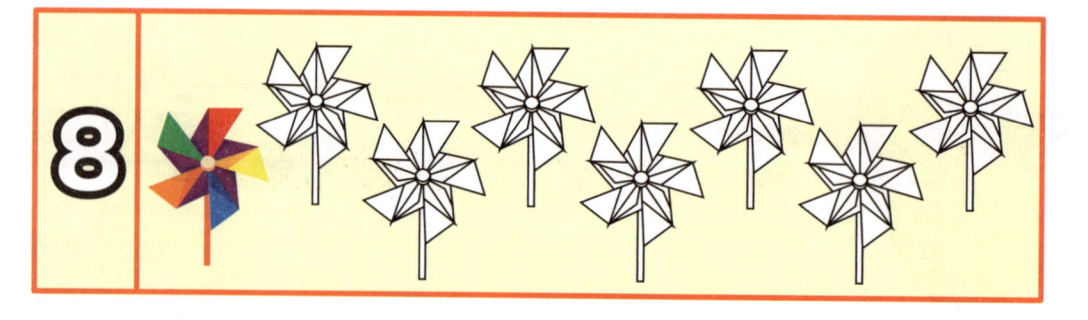

LIGUE OS NUMERAIS DE 1 A 10 PARA COMPLETAR O DESENHO DO GAFANHOTO. DEPOIS, PINTE-O DE ACORDO COM A REFERÊNCIA.

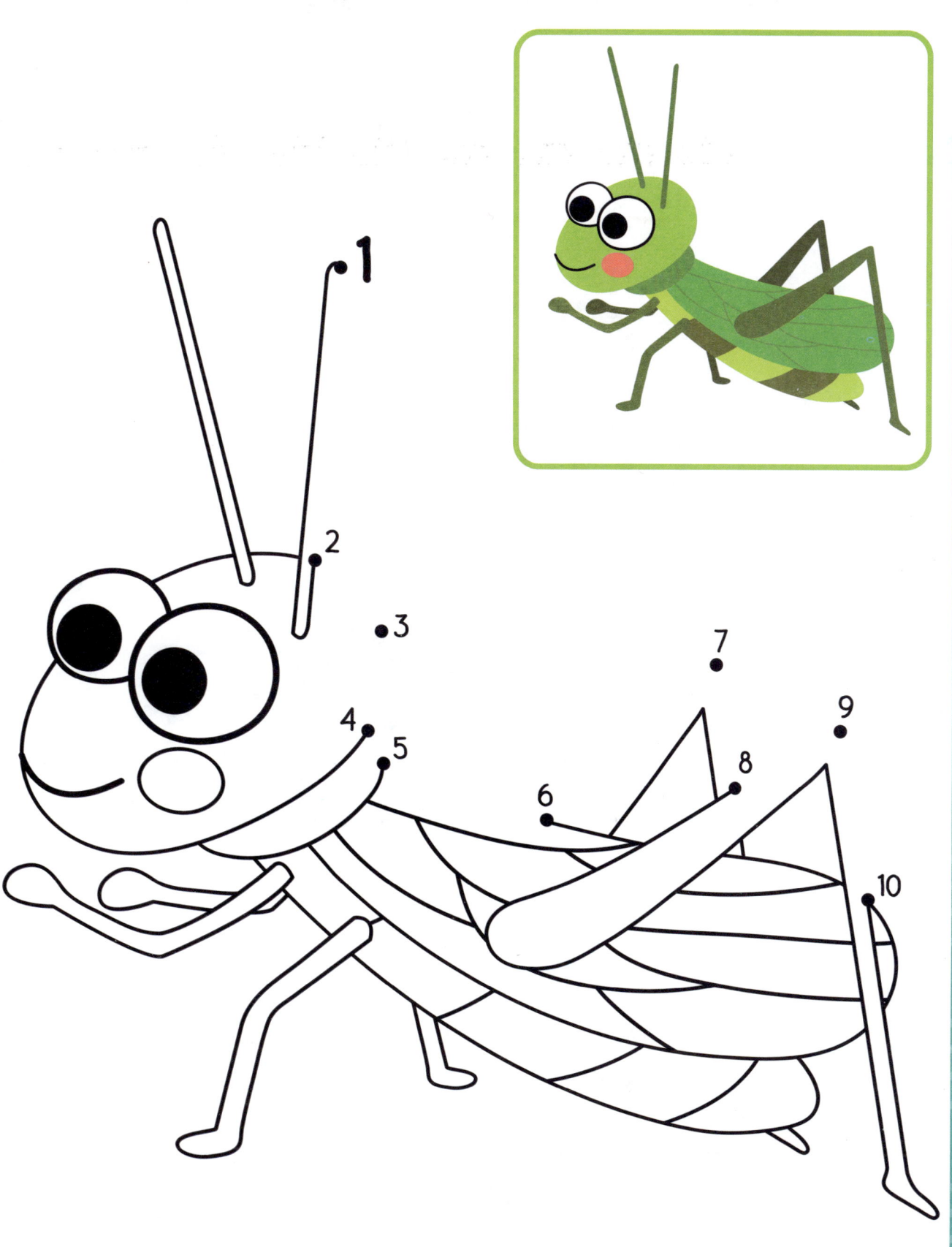

COMPLETE A SEQUÊNCIA NUMÉRICA ABAIXO.

1 - __ - **3** - __

__ - **6** - __ - **8**

__ - **9** - **10**

AGORA:

- PINTE DE AZUL O NUMERAL QUE VEM ANTES DO 2.
- PINTE DE VERMELHO O NUMERAL QUE ESTÁ ENTRE OS NUMERAIS 4 E 6.
- PINTE DE VERDE O MAIOR NUMERAL DA SEQUÊNCIA.
- PINTE DE LARANJA O MENOR NUMERAL DA SEQUÊNCIA.

ESCREVA OS NUMERAIS QUE FALTAM DENTRO DE CADA AMARELINHA, EM ORDEM CRESCENTE, COMEÇANDO A SEQUÊNCIA PELO NUMERAL MENOR.

CONTE E PINTE, DA MESMA COR, OS NUMERAIS E OS DESENHOS QUE REPRESENTAM CADA QUANTIDADE.

OBSERVE OS CONJUNTOS E ESCREVA O NUMERAL QUE CORRESPONDE A CADA QUANTIDADE DE BORBOLETAS.

DESENHE, EM CADA NUVEM, QUANTOS PINGUINHOS DE CHUVA FALTAM PARA COMPLETAR AS QUANTIDADES INDICADAS.

OBSERVE OS PEIXES COLORIDOS E CONTINUE PINTANDO. QUANTOS DE CADA COR VOCÊ PINTOU? REGISTRE NOS ESPAÇOS INDICADOS.

AMARELO

AZUL

AZUL

VERDE

ROSA

AZUL

VERDE

AMARELO

AMARELO

ROSA

AMARELO

AZUL

VERDE | AZUL | ROSA | AMARELO

ESCREVA OS NUMERAIS QUE VÊM ANTES E DEPOIS DOS INDICADOS ABAIXO.

	2	

	5	

	8	

	7	

	3	

PINTE O NUMERAL CORRESPONDENTE À QUANTIDADE DE GATINHOS EM CADA CONJUNTO.

4
5
6

8
7
10

3
1
2

9
10
8

QUANTAS PATINHAS EXISTEM À SUA ESQUERDA?
DESENHE MAIS UMA NO ESPAÇO EM BRANCO. AGORA,
CONTE-AS E RESPONDA QUANTAS FICARAM.

RESPOSTA

QUE TAL PREENCHER A CRUZADINHA COM A
REPRESENTAÇÃO ESCRITA DOS NUMERAIS?

OBSERVE AS QUANTIDADES E ESCREVA O NUMERAL CORRESPONDENTE SEGUIDO DE SUA ESCRITA POR EXTENSO.

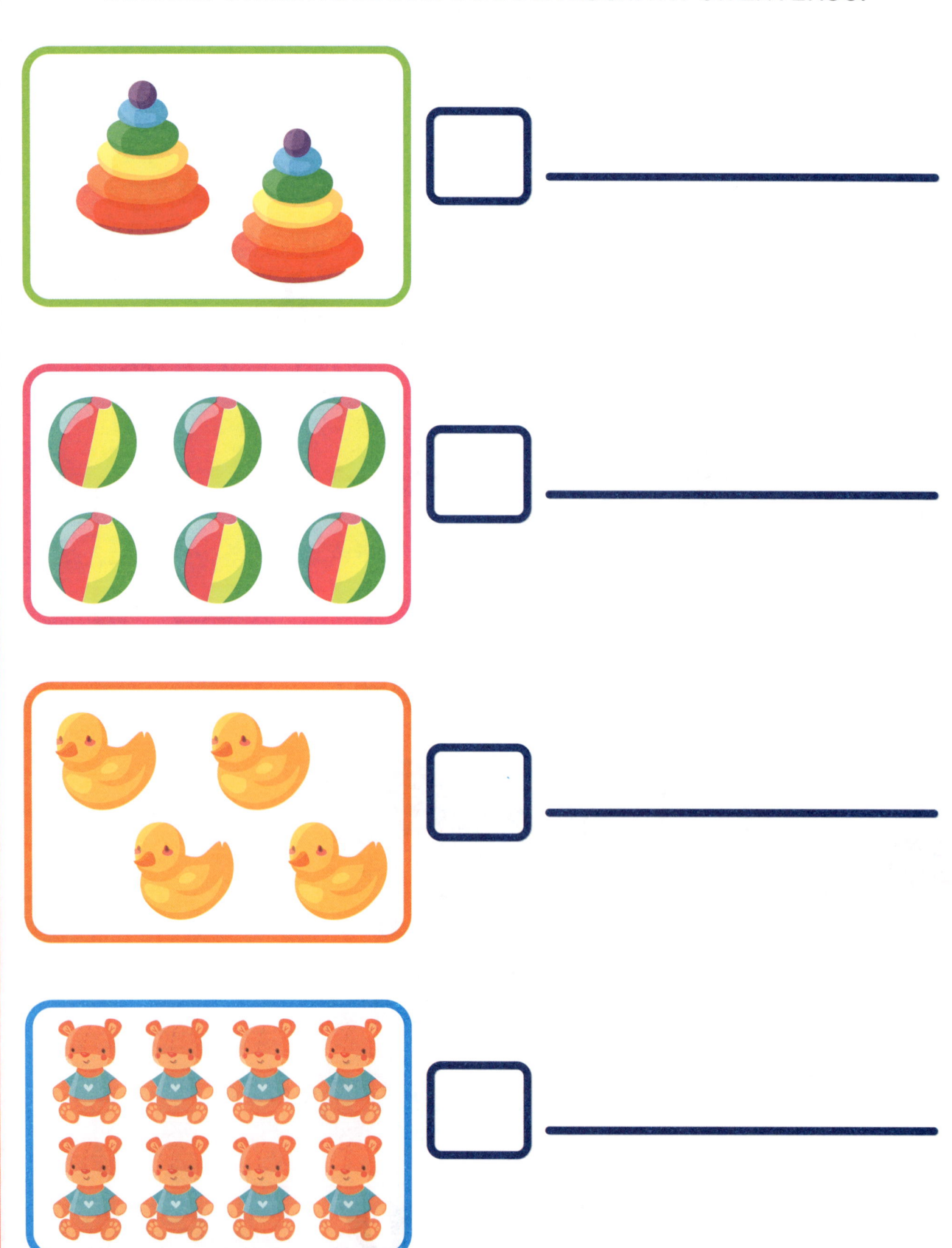

AGORA, LIGUE CADA NUMERAL À SUA FORMA ESCRITA POR EXTENSO. USE LÁPIS COLORIDOS, SEM REPETIR AS CORES.

NOVE

TRÊS

SEIS

DEZ

DOIS

CINCO

OITO

SETE

QUATRO

UM

VAMOS PRATICAR A ESCRITA DOS NUMERAIS DE ZERO A DEZ?

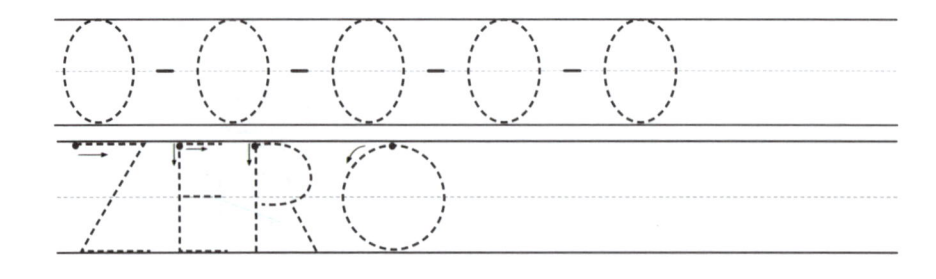

0 - 0 - 0 - 0 - 0 - 0
ZERO

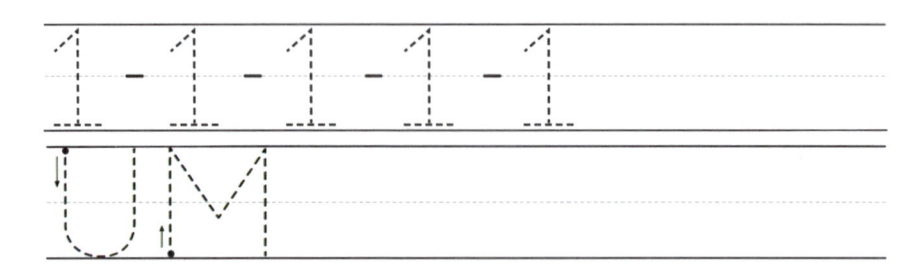

1 - 1 - 1 - 1 - 1
UM

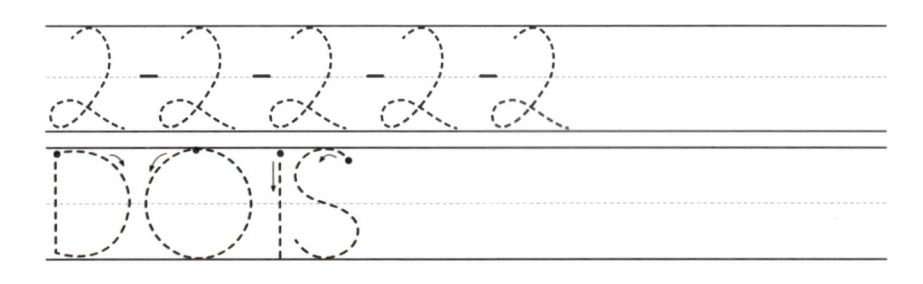

2 - 2 - 2 - 2 - 2
DOIS

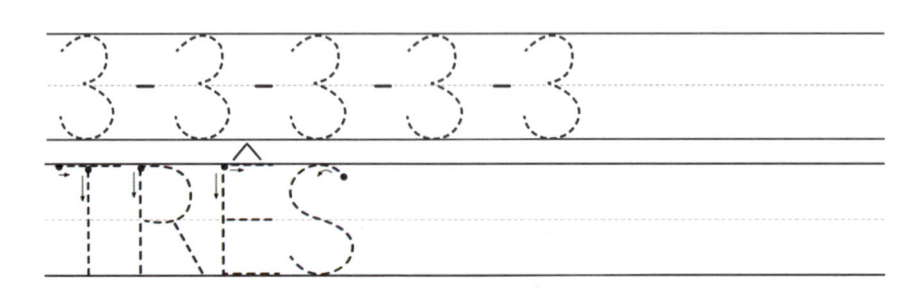

3 - 3 - 3 - 3 - 3
TRÊS

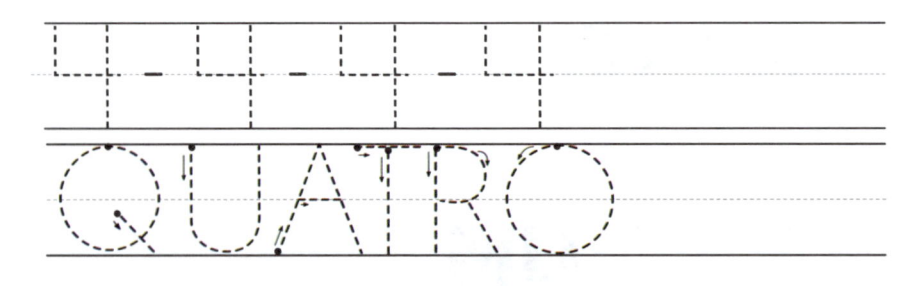

4 - 4 - 4 - 4
QUATRO

5 - 5 - 5 - 5 - 5

CINCO

6 - 6 - 6 - 6 - 6

SEIS

7 - 7 - 7 - 7 - 7

SETE

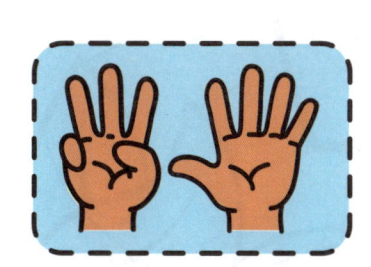

8 - 8 - 8 - 8 - 8

OITO

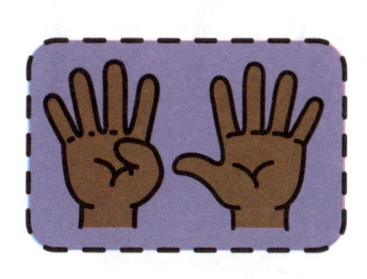

9 - 9 - 9 - 9 - 9

NOVE

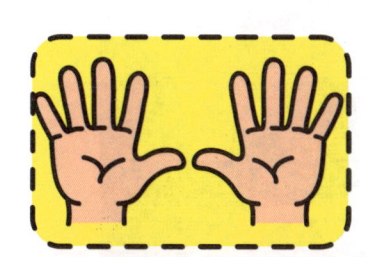

10 - 10 - 10

DEZ

ANTES DE SE DESPEDIR, SIGA AS LEGENDAS PARA COLORIR O ELEFANTINHO NA SELVA!